Patrick CHARRIEZ

CHAMPS DE PAIX

Du désespoir de la Grande Guerre
A l'espérance pour l'Humanité

CHAMPS DE PAIX

Je tiens à remercier chaleureusement Monsieur John FOLEY, qui m'a autorisé à utiliser gracieusement deux de ses magnifiques photographies (p.15), que j'ai transformées en Noir et Blanc avec son accord.

Les images d'époque sont pour la plupart d'auteurs inconnus. Elles sont de toute façon publiées avec la mention Droits Réservés, l'auteur ayant fait des démarches répétées mais infructueuses à ce jour afin d'identifier pour certaines leurs auteurs et éventuels ayants droit.

Le cas échéant, il se tient donc à leur entière disposition.

CHAMPS DE PAIX

Préface de Monsieur François LEOTARD

Voici qu'un écrivain nous envoie d'un monde lointain des mots attendus. Ce monde-là est à l'intérieur de chacun de nous. Il nous brûle même si nous semblons indifférents. Car il y a un JE en mots. Et ce JE est toujours un autre qui nous ressemble comme un frère. Il tient dans une goutte d'eau qui est, à elle seule, l'univers, immensité si proche de nous dans le regard des vivants, dans le terrier d'un soldat, dans les arbres déchirés et les corps détruits, dans chaque sourire d'enfant, dans chaque noyé.

Mots-paysages, mots-soleils, ce que nous dit Patrick CHARRIEZ c'est qu'il y a une couleur de l'écriture, une vibration, celle de Van Gogh ou celle de Soulages... Chacune vient en nous comme l'encre sur le papier de notre corps. Je dis ces mots et je m'aperçois qu'ils appartiennent à tout le monde, comme la mer ou le vent, comme la guerre ou la lumière, ils sont de notre sang, le même pour chacun, répandu ou offert.

CHAMPS DE PAIX

Oui, un offertoire est ici célébré, des paroles sont données à notre silence, de l'eau à nos déserts. Un écrivain, un écrivant, peut à lui tout seul faire que le monde soit nouveau. Kafka disait qu'il écrivait pour "faire un bond hors du rang des meurtriers". Ce que vous lirez chez Patrick Charriez c'est quelque chose de cette nature.

François Leclerc

CHAMPS DE PAIX

"*Voici qu'un écrivain nous envoie d'un monde lointain des mots inattendus. Ce monde-là est à l'intérieur de chacun de nous. Il nous brûle même si nous semblons indifférents. Car il y a un JE de mots. Et ce JE est toujours un autre qui nous ressemble comme un frère. Il tient dans une goutte d'eau qui est, à elle seule, l'univers, immensité si proche de nous dans le regard des vivants, dans la terreur d'un soldat, dans les arbres déchirés et les corps détruits, dans chaque sourire d'enfant, dans chaque noyé.*
Mots-paysages, mots-soleils, ce que nous dit Patrick Charriez c'est qu'il y a une couleur de l'écriture, une vibration, celle de Van Gogh ou celle de Soulages...Chacun vient en nous comme l'encre sur le papier de notre corps. Je dis ces mots et je m'aperçois qu'ils appartiennent à tout le monde, comme la mer ou le vent, comme la guerre ou la lumière, ils sont de notre sang, le même pour chacun, répandu ou offert.
Oui, un offertoire est ici célébré, des paroles sont données à notre silence, de l'eau à nos déserts. Un écrivain, un écrivant, peut à lui tout seul faire que le monde soit nouveau. Kafka disait qu'il écrivait pour " faire un bond hors du rang des meurtriers." Ce que vous lirez chez Patrick Charriez c'est quelque chose de cette nature."

François Léotard

CHAMPS DE PAIX

Première partie

Champs de guerre

En ce soir glacé d'un onze novembre de grésil,

Il était seul sous la pleine lune, dans cette forêt de guerre,

Homme dans l'instant, mais façonné par l'hier.

La glaise, qui engluait et figeait ses pas difficiles,

Etait la force des millions de jeunes mains disparues et ensevelies, l'agrippant, le retenant,

L'implorant de se rappeler de leur épouvante passée, et d'en témoigner.

Devant ses yeux noyés de larmes, se levèrent alors, par centaines de milliers,

Les fantômes en haillons des tranchées de boue, de sang et de drames,

Les ressuscités des batailles de la Marne, de la Somme, de Verdun, du Chemin des Dames,

Des Flandres, de l'Argonne, et de toutes les autres, avec leurs cortèges de macabres charniers.

Dans le brouillard de cette soirée habitée des ombres du passé,

Il vit ressurgir à sa mémoire terrifiée le ciel en feu, la terre calcinée,

L'eau pourpre des bourbiers, les orages d'acier,

CHAMPS DE PAIX

La pénombre en pleine journée,

Le jour fait nuit, la nuit sans jour, condamnant la lumière,

Les opaques nuages des gaz-moutarde, asphyxiant l'éclat solaire.

Habité de l'âme de ces innombrables soldats crucifiés au nom de la vanité,

Il cheminait accablé sur cette Terre éventrée par la guerre industrialisée,

Dans des paysages de cratères, de dômes lunaires, d'humaines termitières,

D'excavations, de fosses, de galeries, de puits ensanglantés et souillés.

Autour de lui, à l'infini désespéré, des étendues-cicatrices, boursouflées, tuméfiées, gondolées,

Façonnées par les déluges d'obus de l'enfer de l'insatiable artillerie de feu, de plomb et de fer,

Recomposant et remodelant en quelques heures le relief millénaire.

Comme possédé, il entendit alors les crépitements stridents des mitrailleuses assoiffées de chair,

Cisaillant les valeureux poilus que suicidaient des nations entières,

Parfois empêtrés et déchirés dans les froids barbelés, par le sang rouillés.

CHAMPS DE PAIX

Il fut à son tour emporté par les flots impétueux des assauts de cette infanterie de damnés,

Chargeant dans des hurlements à conjurer et à braver le néant, au son des clairons de la mort,

Imbibés de pinard et de gnole, pour vaincre le froid glacial et oublier leur funeste sort.

Sa dépouille mutilée fut charriée par ces vagues de noyés

Se brisant sur la grève des condamnés, sur le rivage des oubliés.

Sous ses bottes embourbées,

S'ouvrirent alors les entrailles béantes des fosses communes putréfiées,

Dégueulant de gueules cassées, de corps brûlés, gazés, transpercés, déchiquetés,

Débordant d'accoutrements de vies brisées par la folie :

Masques à gaz - faciès de spectres mortifères dans ce carnaval d'agonie -,

Havresacs[1], en fait sacs de cadavres, loin des havres de paix,

Capotes trouées qui protégeaient les poitrines de la tuberculose,

Mais pas des balles des *Mauser*[2] moroses,

Uniformes déchirés, mirages d'un bleu-horizon[3],

Sordide et morbide illusion…

CHAMPS DE PAIX

Déambulant ensuite dans les ruines hantées des villages morts pour la France aveuglée,

Il communia avec les fusillés des mutineries,

Qui osèrent opposer un dernier sursaut de miséricorde face à cette barbarie.

Il vit couler les larmes d'encre des lettres d'amour et d'espoir désespéré,

Ecrites dans les tranchées à la lueur des chandelles des soirs d'humanité.

Il sentit la douce odeur du tabac brûlant dans les foyers des pipes réchauffées,

Avant que ces dernières ne furent brutalement cassées…

Il se rappela alors qu'ici la folie humaine avait réinventé avec encore plus de férocité cruelle

Les dix plaies que Dieu avait infligées à l'Egypte pour libérer le peuple d'Israël.

∞∞∞

CHAMPS DE PAIX

Offensive sur le front de Notre-Dame-de-Lorette, à Ablain-Saint-Nazaire (Pas de Calais), le 15 avril 1915(AFP)

CHAMPS DE PAIX

Aux Éparges, après un assaut. Tranchée de première ligne remplie de cadavres, 1915

Tranchée française au Bois-le-Prêtre, 1915

CHAMPS DE PAIX

Neuve Chapelle : entre les lignes portugaises et allemandes, se dressait le Christ des Tranchées. Sans cesse mitraillé et vénéré par les Portugais qui défendent les lieux, il est ramené en 1954 dans l'église du monastère de Batalha.
Photo Arnaldo Garcez, photographe officiel de l'armée portugaise. Commons Wikimédia., 1915

Soldat français écrivant une lettre, probablement en 1916 à Verdun

CHAMPS DE PAIX

Deuxième partie

Forêts de vie

Après cette nuit d'errance et de communion dans ces paysages de mémoire et d'effroi,

Dans un profond silence plus pénétrant que le plus grand froid,

Il contempla à l'aube rougeoyante les rayons de soleil qui filtraient dans la forêt de guerre,

Et illuminaient les gouttes de la rosée du matin

Sur les pins, les épicéas, les hêtres, les chênes, les aulnes, les ormes, les sapins,

Plantés par l'homme enfin en paix, sur le sol lunaire.

Les ossements, le sang, les larmes, les sueurs, les peurs, les corps en décomposition,

Etaient devenus humus humains et fertiles limons,

Sous les voûtes de cette cathédrale de végétale sérénité.

Les sous-bois verdoyants étaient embrasés des couleurs des fleurs sauvages, à profusion.

Les animaux avaient reconquis ces territoires d'extermination,

Comme ces chauves-souris animant les froides forteresses abandonnées,

Ou ces grenouilles croassant et s'accouplant frénétiquement

CHAMPS DE PAIX

Dans les mares d'eau des cratères des anciens embrasements.

La mort alimentait le vivant.

Dans un cycle éternel, la vie avait repris ses droits sur la terre,

Qui conserverait à jamais les traces de ses souffrances,

Comme le visage d'un vieillard marqué par l'existence,

Et que des larmes de joie réensemencent.

Il se sentit alors semblable à cet arbre meurtri et mutilé par un barbelé,

Mais dont le tronc avait adouci et intégré le fil d'acier dans sa chair renouvelée.

∞∞∞∞

CHAMPS DE PAIX

Parc Franco-canadien de Vimy. Les canadiens plantèrent 11 285 arbres qu'ils firent venir de leur pays, un pour chaque soldat dont le corps n'a pas pu être retrouvé. @ John Foley / ChdlM

Parc Franco-canadien de Vimy @ John Foley / ChdlM

CHAMPS DE PAIX

CHAMPS DE PAIX

Troisième partie

Champs de paix – Chants d'amour

L'astre solaire irradia alors cette belle journée d'automne à Verdun.

Il n'était plus qu'un, cette fois avec les vivants.

Sous ses yeux,

Un bébé était né, radieux ;

Des enfants français et allemands jouaient au ballon sur une verte prairie ;

Des amoureux se caressaient, allongés dans un pré jaune doré ;

Un mariage était célébré entre Kristen et Louis ;

Des paysans vigoureux récoltaient le blé généreux ;

Un couple de vieillards se soutenait par le cœur sur les bords de la Meuse, éclairée.

Au-dessus de ces terres de renaissance de ses aïeux,

Il aperçut alors dans l'azur bleu-horizon des cieux,

Les âmes immenses des soldats anonymes allemands et français, en paix,

Se tenant heureuses et fraternelles dans une éternelle amitié.

Libérées des horreurs guerrières,

CHAMPS DE PAIX

Elles versaient des larmes de bonheur dans un arc en ciel sur la terre,

Et enveloppaient les humains de leurs mains de sagesse et de félicité.

Elles s'emplissaient de joie à la pensée que leurs sacrifices insensés,

Que le don de leurs vies naissantes fauchées et broyées,

Servaient à comprendre et à répandre le respect, la tolérance, la bonté, la bienveillance,

Et la défiance face aux propos et aux projets de haine, de différence, de revanche et de vengeance,

Au nom de la possession, des alliances calculées, de la puissance.

Il comprit alors que l'homme ne tirait sa sagesse que de la compassion,

Et que son cœur était par essence le même dans sa candeur et sa nudité.

Il pria alors pour qu'un jour il n'y ait plus nécessité

D'uniforme, de couleur gris-verdâtre ou bleu-horizon,

De casque, à pointe ou *Adrian*[4],

De fusil, *Lebel*[5] ou *Mauser*,

De chanter *Westerwaldlied*[6] ou *La marseillaise*, pour aller à l'inutile guerre.

CHAMPS DE PAIX

Il était intimement persuadé que la Madelon ne choisissait jamais son camp d'adoption

Pour dispenser son affection,

Et que la seule victoire en chantant était celle de …l'amour.

∞∞∞∞

[1] *Havresac* : sac à dos du fantassin

[2] *Mauser* : marque de fusil allemand

[3] *Bleu-horizon* : couleur des uniformes des poilus, à partir de 1915.

[4] *Adrian* : marque de casque français

[5] *Lebel* : marque de fusil français

[6] *Westerwaldlied* : chant patriotique allemand.

CHAMPS DE PAIX

Soldats anglais, écossais et allemands se livrant à une partie de football près d'Ypres (Belgique, décembre 1914)

CHAMPS DE PAIX

Photographie publiée dans le quotidien The Daily Mirror (5 janvier 1915), à propos de la "Trêve de Noël 1914"

CHAMPS DE PAIX

Armistice du 11 novembre 1918 : des soldats anglais laissant éclater leur joie.

CHAMPS DE PAIX

CHAMPS  PAIX

© 2018, Patrick Charriez

Édition : BoD – Books on Demand, 12/14 rond-point des Champs-Élysées, 75008 Paris

Impression : BoD – Books on Demand, Norderstedt, Allemagne

ISBN : 978-2-3221-6187-4

Dépôt légal : septembre 2018